はじめに──さとる君の発達障害について

発達障害（最近は「神経発達症」とも言います）は、大きく分けて、自閉スペクトラム症（ASD）、注意欠如多動症（ADHD）、限局性学習症（LD）があります。

人間は、脳でものごとを考え、神経を通じて身体に命令を伝えます。ところが生まれつき脳や神経に、アンバランスさを抱えている場合があります。発達障害は、このアンバランスさが原因となって現れる特性なのです。

- 自閉スペクトラム症（ASD）は、乳幼児期の言葉の遅れ、言葉のキャッチボールが苦手、たとえ話の理解が苦手、などのコミュニケーション面の特性。相手や周囲の状況を理解できずに、自分本位に行動してしまうような社会性の特性。感覚過敏、特定のものごとへのこだわり、などの特性があります。

- 注意欠如多動症（ADHD）は、落ち着きがなくじっとしていられない、集中が続かずに注意がそれてしまう、あるいは反対に必要以上に集中してしまう、あとさき考えず行動してしまうという特性があります。

- 限局性学習症（LD）は、読み書きや計算などの能力が、いちじるしく低い場合に疑われるものです。

これら3つの特性の集まりを、それぞれの「症候群」といいます。その特性のために、日常生活が過ごしにくくなっている場合、はじめて障害として診断することができます。

この絵本の主人公さとる君は、この３つの特性のうち、自閉スペクトラム症、注意欠如多動症の特性を持っています。

　自閉スペクトラム症の特性としては、聴覚の過敏性、特定のものごとへの強いこだわり、があります。聴覚が過敏であるため刺激が多くなりすぎるとパニックを起こしてしまいます。
　また、注意欠如多動症の特性では、注意を持続する力の偏りのために、授業に集中できない、片付けができない、ゲームに必要以上に集中し過ぎてしまう、などの困難がでています。

　これらの特性のため、日常生活において、まわりと上手に過ごせず、また失敗するのではないか、また嫌なことがあるのではないか、と考えてしまい、不安な気持ちが強まってしまっています。そのため、お母さんのそばから離れにくくなっているのです。お母さんも不安がつのり、さとる君のそばを離れにくくなっています。

　この絵本では、そんなふたりが出会った箱庭療法について紹介していきます。くわしい解説が49ページから載っていますので、お話しを読み終わったらそちらも読んでみて下さい。

　さて、説明はこのくらいにして、お話にはいりましょう。

お母さんと僕のまほうの砂箱
──発達障害と母子同時箱庭療法

さとる君は小学校4年生。でも学校がとてもつらい。
先生のお話を聞こうとしても、お友だちの顔や、話し声、
はでな色のお洋服などが気になってしまうのです。

さとる君はイライラして、
すわっていられず歩きだしてしまいます。

さとる君は、お家(うち)にいる時、
お部(へ)屋(や)のおかたづけができません。
勉(べん)強(きょう)をはじめても、
ゲームのことで頭がいっぱいです。

お母さんは、そんなさとる君を、
つい大きな声でしかってしまいます。
お父さんは仕事がいそがしく、
あまりかまってくれません。

お母さんは、
さとる君のことを考えると、
いつも心配で不安になります。

だから気になっていらいらするのです。
ついつい、さとる君にきつくあたってしまいます。

さとる君も、お母さんからはなれてしまうと、
とても不安になります。

お母さんは、さとる君といっしょに、
学校のカウンセリングルームへ
相談(そうだん)に行くことにしました。

カウンセラーさんは、
とてもやさしく話を聞いてくれました。

カウンセラーさんは
「アラタ先生という、箱庭療法をしている
お医者さんのところに行ってみない？」
と言ってくれました。

アラタ先生の診療所は、
とても静かな場所にあります。
近くには森があり、
まるでおとぎの国のお家みたいです。

アラタ先生はとてもにこやかで、
やさしそうな、メガネのお医者(いしゃ)さん。
でも、ちょっときびしい感じもあります。

ふたりを砂箱(すなばこ)と、
たくさんのお人形がある部屋(へや)に
案内(あんない)してくれました。

箱庭の部屋はとても静かでした。

先生は、さとる君とお母さんに言いました。
「ここで好きなように砂あそびをしてごらん。
何でも置きたいように砂箱に置いてみよう」

「お母さんは、
　さとる君の言うとおりに手伝ってあげてください。
　先生はその間、このイスに後ろ向きにすわって、
　静かに目を閉じていますね」

ふたりの箱庭あそびがはじまりました。

さとる君は、怪獣や人やビルをどんどんならべて、
お母さんには自動車や電車を
いっぱいもってくるように言いました。

お母さんはちょっと不安になりましたが、
さとる君の言う通りに運んであげました。

さとる君は怪獣を大あばれさせて、
ビルをひっくりかえしたり、
自動車をぶつけたり、人を砂にうずめたり、
やりたいほうだいです。

お母さんはたまらず、
さとる君を注意したくなりました。

けれども目をつぶって、静かにじっとしている
先生のうしろ姿を見ていると、
すこし落ちついてきました。

先生がそこにいることは
大きな木に守られているようで、
とても安心できたのです。
気がついたら
呼吸がラクになっていました。

お家にもどると、さとる君はあいかわらず、
おかたづけも勉強もできません

お母さんは、そんなさとる君を見ても
前ほどはイライラしなくなりました。

でもやっぱり、心配です。不安です。

2人の診療所通いは続きました。
さとる君は同じような箱庭を作りつづけました。
お母さんは、帰り道の緑や道に咲いている花が
とてもキレイなことに気がつきました。

「きれいだね」と言うと、
さとる君も「ほんとうだ」と言って、
ふたりでお花をながめました。

箱庭療法に通っているうちに、
お母さんの不安や心配は少なくなってきました。

さとる君にも変化が出てきました。
落ちついた気持ちで箱庭を作ることが
できるようになってきたのです。

箱庭には川をはさんで2つの世界——
家や自動車や人がいる町と
怪獣や動物たちのいるジャングルが作られました。

箱庭療法も今日で10回目です。
さとる君は前回のように、川をはさんで
人や建物や自動車などを置いた町と、
怪獣や動物のいるジャングルをつくりました。

それからお母さんに
「赤い橋を持ってきて」と言いました。
お母さんは驚きました、お母さんも
「赤い橋」のことを考えていたのです。

こうして、箱庭の2つの世界に
赤い橋がかかりました。

11回目の箱庭療法の時、
さとる君は、いつもよりも眠くなってしまいました。
お母さんも眠くなりました。

背を向けて静かにすわっている先生を見ると
よけいに眠くなりました。

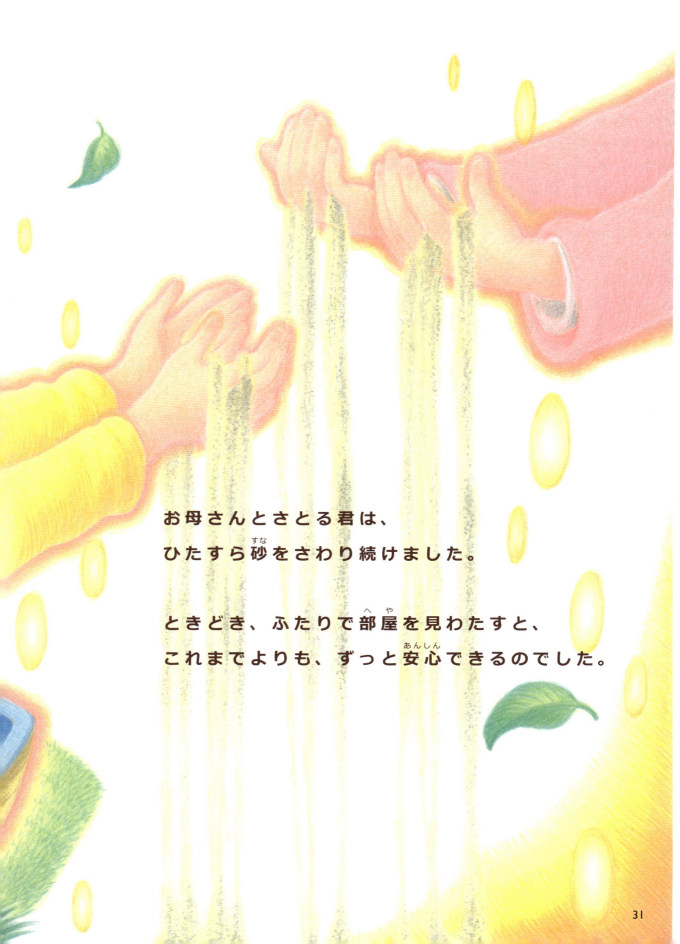

お母さんとさとる君は、
ひたすら砂をさわり続けました。

ときどき、ふたりで部屋を見わたすと、
これまでよりも、ずっと安心できるのでした。

ふたりで砂をさわり続けると、
やがて中心に砂が集まり島のようになりました。
お母さんは、女神さまを思いうかべました。

さとる君もおなじ気持ちだったようです。
「あそこにいる女神さまをもってきて」と
お母さんにたのみました。
そして島のうえに女神さまが置かれました。

お母さんは、女神さまを見て、
色とりどりのガラス玉を思いうかべました。
すると、さとる君がまわりを赤・青・黄・緑の
ガラス玉でかざりました。

さいごに、島のまわりを
色とりどりの花でかこみました。
箱庭を作るふたりの心は、
こうして自然にかさなっていったのです。

こうして女神さまの島を、ガラス玉と
花でかこんだ箱庭ができあがりました。
さとる君は先生に、
「これは夢のなかの島です」と言いました。
先生は「とてもすてきですね」
と、ひとことだけ言いました。

さとる君もお母さんも夢うつつでした、
しばらくすると
花びんの花があざやかに見えてきました。
ふたりには面接室が、
大きくかぎりなく
広がってゆくように思えました。

その日の夜、さとる君とお母さんは
それぞれふしぎな夢を見ました。

さとる君の夢は、お母さんと、
それぞれ別のロケットに乗って
宇宙旅行をしている夢です。

ふたりのロケットがはなればなれになり、
さとる君は少し不安になりました。

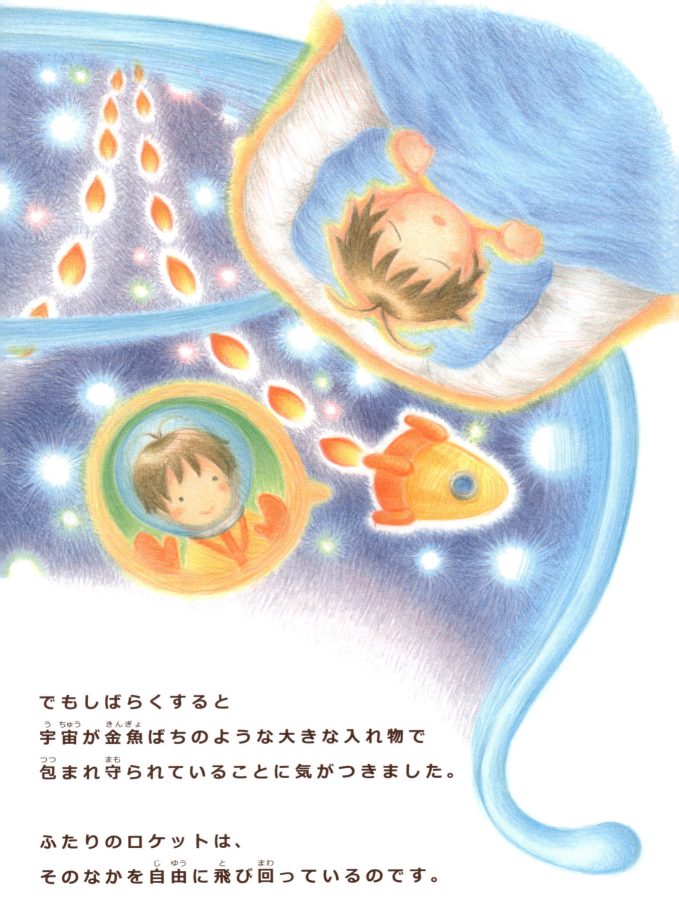

でもしばらくすると
宇宙が金魚ばちのような大きな入れ物で
包まれ守られていることに気がつきました。

ふたりのロケットは、
そのなかを自由に飛び回っているのです。

お母さんの夢は、
さとる君とおなじ部屋で
あみものをしている夢です。

さとる君は、いつものように、
部屋を散らかして、ゲームをしています。

けれどもお母さんは、
あまり気になりません。

しばらくすると、部屋が
金魚ばちのような大きな入れ物で
守られていることに気がつきました。

さとる君は、お家にいても学校にいても
前より落ちつくことができるようになりました。

まわりの音や目に入ってくるものが気になっても、
そのままにしておけるようになってきたのです。

そして、おかたづけも少しできるようになりました。

12回目の箱庭療法の日がやってきました。

「町をつくろう」ということになり、
建物やレール、自動車などをならべていきました。
おたがいを意識せず、
ふたりは自然に町を作っていきます。

町ができあがったあと、
さとる君は飛行機を真んなかに置いて
「この町が飛んでゆくんだ」と言いました。

「町が飛んでいく」
これまでのさとる君にはなかった言葉に
お母さんは少し驚きました。

夕日がさしてくる部屋で、
ふたりの姿は、ぼんやりゆらゆら、かげろうのようです。

先生は
「ほう、さとる君はこれからどこかに行くのかね」
と言いました。

こうしてさとる君のこまった行動は少なくなり、
箱庭療法は終わりました。

お母さんは、パートのお仕事をはじめたり、
お友だちとお茶をしたり、
たのしそうに出かけるようになりました。

さとる君は友だちにさそわれて
水泳教室に通うようになりました。

まほうの砂箱のような箱庭療法の日々が
ずいぶん前のことのように感じます。

そう、時は力強く
動きはじめたのです。

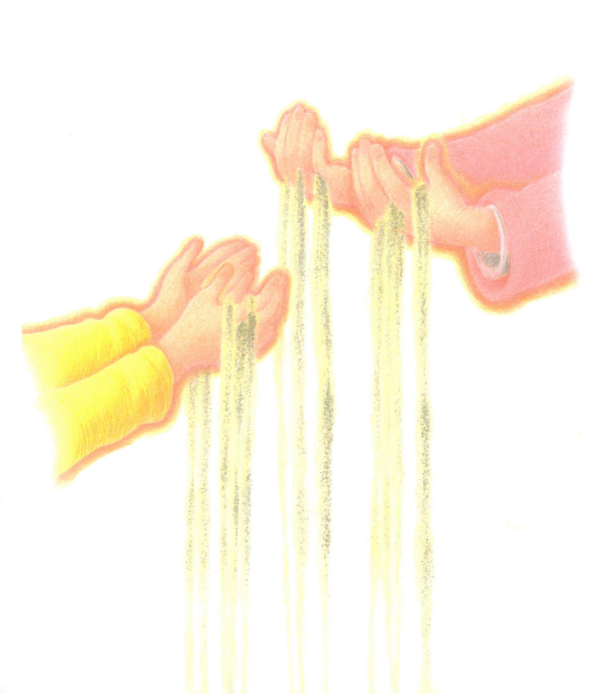

解　説　　朝倉 新・大住 誠

・さとる君の診断とお母さんの状態について

　この絵本の主人公、さとる君は、神経発達症である自閉スペクトラム症（ASD）と注意欠如多動症（ADHD）の特性を持っています。自閉スペクトラム症の特性により聴覚が敏感すぎるため、クラスメートの話し声や先生の声に過剰に反応してしまい、落ちついて授業を受けることができません。結果的に授業をじゃましてしまい、クラスメートととも仲良くできなくなってきています。また家のなかでも、注意欠如多動症の特性により、ゲームに必要以上に没頭してしまったり、片付けができない、宿題に集中できない、などの問題が出ています。

　お母さんの不安は高まり、さとる君の行動を変えなければならない気持ちが強すぎるため、さとる君との間の緊張感が強くなっています。それを感じ取ったさとる君の不安が強くなり、それを見て、お母さんがさらに不安になる、というお互いの不安だけが強くなっていく状態になってしまっています。困りはてたお母さんとさとる君は、あるクリニックを訪れることになりました。

さとる君はASDの特性があり聴覚が敏感なので、落ち着いて授業をうけることができません。

また、ADHDの特性もあり、片付けができないなどの問題があります。

お母さんとさとる君の不安は強くなっていくばかりです。

ふたりは訪れたクリニックで「箱庭療法」を紹介されます。

- 箱庭療法

　訪れたクリニックで、お母さんとさとる君は箱庭療法に出会います。箱庭療法は、遊びを中心とする心理療法（遊戯療法）のひとつとして、3歳児から高齢者まで、世界中の医療、教育、福祉の分野で幅広く行われています。

　箱庭療法は横1m、縦75cmの砂箱に、治療を受ける人（クライエント）が、人間や動物、自然の景物、空想上の動物などを置き、心の世界を自由に表現する治療法です。砂遊びを通して、心の世界を表現していくことで、心理的な問題を抱えているクライエント自身の治っていこうとする力——自然治癒力を高め、回復をうながします。

　箱庭療法を最初に行った、ドラ・カルフ（1904～1990）は、心理学の大家である、カール・グスタフ・ユング（1875～1961）に指導を受けました。箱庭療法も、ユングの確立した分析心理学（ユング心理学）の影響を強く受けています。ここで少し分析心理学について簡単に説明します。

お母さんとさとる君の箱庭療法がはじまりました。

さとる君のリードで、箱庭に色々なものを置いていきます。

- 分析心理学（ユング心理学）

　ユングは、人間の心は「意識領域」と「無意識領域」で形作られていると考えました。

　さて私たちは、「自分」をどのように感じ取るでしょうか。まず、自分が日々生活するなかで、いろいろな物事を考えたり、思ったりすることがあげられるでしょう。これが、自分が意識できる「意識領域」です。

　「無意識領域」は、「個人的無意識」と「集合的無意識」の2つの層に分けられます。

　「個人的無意識」には、人がそれぞれ体験してきた、思い出したくないマイナスの記憶や感情、原始的な本能などが、表に出てこないように押し込められています。そうして心を守るとともに、

何かを創り出したり、前向きな気持ちになろうとする原動力にもなっていると考えられています。
　さらに心の深層にあるとユングが考えたのが「集合的無意識」です。ユングは人が眠るときに見る「夢」は、無意識の層に隠されたことが現れたものだと考え研究を重ねました。そのうちに、夢には個人の体験には収まらない、ある種のパターンがあることに気がついたのです。そしてそのパターンは、世界各地の神話や伝承にとてもよく似ていました。このことからユングは、人間には共通して備わっているイメージの源泉があるのではないか、という仮説を導きだしました。それを「集合的無意識」としたのです。
　なぜユングはこういった考えにたどり着いたのでしょうか、別のエピソードを紹介しましょう。ユングは、クライエントに治療として絵を描かせていました（また自身でも精神的に不安定な時期に、治療として絵を描いていました）。クライエントが不安定な精神状態の時には、正方形と円形の図がたくさん描かれました。その図が、東洋の仏教で描かれるマンダラの絵とそっくりなことを知り、ユングは大変驚きました。このことは「民族や歴史に関係なく共通して人間に備わっ

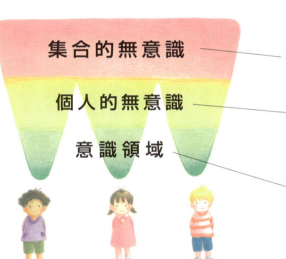

分析心理学における意識階層のイメージ図

集合的無意識 ── イメージの源泉となる無意識の領域。人類に共通して備わっている。

個人的無意識 ── 思い出したくないマイナスの記憶や感情、原始的な本能などが、表に現れてこないように抑圧され生じた領域。

意識領域 ── 日々生活するなかで実際に体験し、認識できる領域。

マンダラのイメージ図

ているイメージの源泉」という仮説をユングに強く意識させたのです。

「集合的無意識」は、意識にイメージをともなって呼びかけると考えられています。たとえば、美しい音楽や風景に感動し、心も体もその場と一体になるような体験をしたことはありませんか？　この時、私たちが感じている「自分」は、分析心理学では、心の深い場所「集合的無意識」から呼び起こされた「自己（セルフ）」であると考えられています。「自己（セルフ）」は「自分」よりも大きく、こころ全体の調和を整える力を持っています。

心が疲れ傷つき、弱っている状態では、体も含めた心のバランスが失われています。箱庭療法などの遊戯療法では、いつもよりも深いところにある「自己（セルフ）」を発見することができるようアプローチしていきます。そうすることで、自ら治っていこうとする力――自然治癒力が活性化されるのです。

・母子同時箱庭療法

箱庭療法を最初に行ったカルフは、箱庭療法において自然治癒力が活性化される条件として、「母子一体性」、「自由で保護された空間」が必要であると強調しています。

「母子一体」とは、箱庭を作っていくなかで、治療をする側とクライエントが母と子のように「自己（セルフ）」を「一体」となって感じ取る体験のことを言っています。それが体験されるときには、箱庭には四方を円や四角で囲まれた、中心を持った円（マンダラ）が表現されているとカルフは述べています。

さてこの絵本では、まさにお母さんと子どもがいっしょに箱庭療法に取り組む「母子同時箱庭療法」を取り上げています。まず大切な注意点は「母親が先導しない」ということです。最初お母さんは子どもの指示に従うように箱庭を置いてゆきますが、回が進むと、お母さんが置いているのか、子どもが置いているのか分からないくらい、お母さんと子どもは同調し「一体」となっ

だんだん落ち着いて箱庭を作れるようになりました。

「自己（セルフ）」を感じ取り、箱庭に円（マンダラ）が表現されるようになりました。

ていきます。その際には親子は「場」になじみ「自由で保護された空間」を体験しています。

　このような箱庭療法の経過の中で、母親は「子どもに対する支配性や、いろいろな不安感」から解放されていきます。これはお母さんと子どもの「自己（セルフ）」が、「自由で保護された空間」でつながるからなのです。

さとる君とお母さんの夢のなかで「自由で保護された空間」の体験が現れています。

- 瞑想箱庭療法(めいそうはこにわりょうほう)

　お話しのなかで、治療者(ちりょうしゃ)である先生が箱庭療法の最中に、クライエントからはなれて座(すわ)り瞑想(めいそう)（目をつぶり考えにふけること）しているのに気がつきましたか？

　箱庭療法において多くのクライエントは、治療者から観察(かんさつ)されてしまうと、どこかで自分の心のなかを覗(のぞ)かれているように感じてしまったり、また治療者の期待(きたい)にこたえるような作品を作ろう、と意識してしまったりする場合があります。これでは遊びになりません。

　そこで治療者は、クライエントから少しはなれた場所に座(すわ)り、箱庭制作中は軽く眼を閉じています。眼を閉じている間は、あえて意図的(いとてき)・意識的(いしきてき)にならず、こころに浮かんでくるイメージなどはなるべく気にしないようにします。つまりクライエントが「どんな箱庭を置くだろう？」とか、クライエントを「どう治療していけばいいだろう？」といったことを考えないようにするのです。こうして瞑想(めいそう)をして「無心になる」（無意識的(むいしきてき)になる）ことでリラックスし、さらに「考えること」「感情に振り回されること」から自由になることで、より感覚(かんかく)が研(と)ぎすまされていきます。

　治療者が「無心」になればなるほど、同時にクライエントも「無心」に砂遊びに集中できるようになっていきます。このように治療者とクライエントの心の状態が、お互(たが)いに響(ひび)きあうことで、「自由で保護された空間」を、治療者とクライエントが同時に体験するのです。クライエントの身体(しんたい)感覚もじゅうぶんに開かれるようになります

　治療者の「こころ」とクライエントの「こころ」が響(ひび)きあっているのは（この現象(げんしょう)を分析心

治療者が瞑想することでクライエントは、箱庭を作ることに集中できるようになります。

クライエントが、治療者に見守られている感覚を体験できるようにするために、瞑想は大変有効です。

理学では布置と言います）、箱庭療法中に治療者とクライエントに同じようなイメージが自然に浮かんでくることなどからも理解できます。たとえば絵本では、治療者に「橋」のイメージが浮かぶとき、お母さんとさとる君にも「橋」のイメージが浮かんでいます。

身体感覚が開かれることで、日常生活にも落ち着きが現れて来ています。

治療者とクライエントの「こころ」が共鳴することで、同じ「橋」のイメージが共有されています。

・母子に対する瞑想箱庭療法

瞑想箱庭療法はどのような状態の母子に取り入れることができるのでしょうか？

まずお子さんの年齢については、おもちゃで遊べる3歳くらいから思春期前の10歳くらいがおおまかな目安になるでしょう。また精神的状態は、極端に多動で衝動的でなければ、神経発達症、不安症・身体症状症、うつ病、知的障害、選択性緘黙症、夜尿症、チック症などのさまざまな症状に適応できるでしょう。また症状により、不登校状態になっているお子さんにも有効でしょう。一方お母さんの状態は、統合失調症や重度なうつ病ではなく、子どもに対する虐待が認められなければ導入できるでしょう。

そして、お母さんと子どもが心理的に分離できない状態――たとえば、さとる君とお母さんのように、おたがい離れると不安が増すような関係には最適です。いっしょであれば安心できる状況で箱庭療法を受けられるからです。結果的にお母さんも、安定し落ち着いた精神状態が得られるのではないでしょうか。

さとる君とお母さんの箱庭療法も、飛行機の登場によってひとつの終わりをむかえました。さとる君は落ち着いて授業を受けられるようになりました。

文・解説＝大住 誠（おおすみ・まこと）

1952年神奈川県生まれ。臨床心理士、医学博士。現在、大住心理相談室長、同朋大学大学院特任教授、東京福祉大学客員教授。主著に『ユング派カウンセリング入門』（ちくま新書、2003）、『現代箱庭療法』（織田尚生との共著 誠信書房、2008）、『うつは、治す努力をやめれば治る―箱庭療法と森田療法の併用の事例と実践』（法蔵館、2015）『新瞑想箱庭療法「身体感覚」から考える新たな療法の可能性』（誠信書房、2016）など。

絵＝北 洋子（きた・ようこ）

神奈川県に生まれる。ＯＬ経験を経て、漫画家のアシスタントを勤める。現在は、漫画の著述に専念。『まんが うつと向き合う―ユング心理学を用いたカウンセリング』（星和書店、2008）。

解説＝朝倉 新（あさくら・あらた）

1962年生まれ。精神保健指定医。日本精神神経医学会専門医。新泉こころのクリニック院長（神奈川県茅ヶ崎市）。小児思春期を中心にした精神科医療を行なっている。

お母さんと僕のまほうの砂箱
――発達障害と母子同時箱庭療法

2019年6月14日　印刷
2019年6月25日　第1版第1刷発行

著者　　大住 誠（文）　北 洋子（絵）
　　　　朝倉 新・大住 誠（解説）
装丁　　辻高建人
発行者　鈴木一行
発行所　株式会社ゆまに書房
　　　　〒101-0047　東京都千代田区内神田2-7-6
　　　　tel. 03-5296-0491
　　　　fax. 03-5296-0493
　　　　http://www.yumani.co.jp

印刷・製本　株式会社シナノパブリッシングプレス

©Makoto Oosumi, Yoko Kita, Arata Asakura 2019 Printed in Japan
ISBN978-4-8433-5558-9 C0011

落丁・乱丁本はお取り替えいたします。
定価はカバー・帯に表示してあります。
本書のコピー、スキャン、デジタル化などの無断複製を禁じます。